# CHEFKOCH

EUROPAS GRÖSSTE FOOD-COMMUNITY: **20 MILLIONEN USER WISSEN, WAS SCHMECKT**

# Veggie-Wonne

DAS BESTE VOM CHEFKOCH-MAGAZIN

## Impressum

Math. Lempertz GmbH
Hauptstraße 354
53639 Königswinter
Tel.: 02223 / 90 00 36
Fax: 02223 / 90 00 38
info@edition-lempertz.de
www.edition-lempertz.de



Lektorat: Math. Lempertz GmbH
Layout/Satz: Ralph Handmann, Kerstin Pfeiffer
Gesamtherstellung: P&B Print, Lettland
ISBN: 978-3-96058-394-3
Dieses Buch wurde klimaneutral gedruckt.

MIX
Paper from responsible sources
FSC® C084698
www.fsc.org

Klimaneutral
Druckprodukt
ClimatePartner.com/13600-1909-1001

Foodfotos:
Umschlag Vorderseite:
Foto: Neckermann, Thomas
Umschlag Rückseite:
Fotos: Neckermann, Thomas (l), (r)
Innenteil:
Fotos: Büttner, Sabine: S. 10
Cramer, Marie-Therese: S. 60, 64, 104, 118
Gottwald, Jorma: S. 6, 12, 16, 20, 28, 32, 34, 42, 44, 46, 48, 50, 52, 54, 56, 58, 62, 70, 78, 80, 86, 88, 96, 102, 108, 110, 112
Neckermann, Thomas: S. 8, 18, 22, 24, 26, 30, 36, 38, 40, 52, 66, 72, 74, 76, 82, 84, 90, 94, 98, 100, 114, 116
Zander, Silke: S. 14
Foodstylisten: Baum, Katja; Büngener, Jürgen; Ellmer, Achim; Fänger, Friederike; Geiselmann, Roland; Grossmann, Lukas; Krause, Leonie; Lenz, Philine; Lucas, Anne; Luck, Julia; Pio; Swoboda, Marion; Trenkle, Sarah; Wolken, Michael;
Stylisten: de la Fuente, Isabel; Graumann, Katja; Heinatz, Katrin; Mähler, Christine; Rehbock, Anka; Schenk, Dörthe; Stüber, Meike
©Adobe Stock: schoene-gedanken, S. 120

# CHEFKOCH

EUROPAS GRÖSSTE FOOD-COMMUNITY: **20 MILLIONEN USER WISSEN, WAS SCHMECKT**

# Veggie-Wonne

DAS BESTE VOM CHEFKOCH-MAGAZIN

# Inhalt

## Vorspeisen & Salate



## Currys, Bowls & Suppen



## Say cheese ...

## Pasta Time



## Aus der Pfanne



## Aus dem Ofen

# Liebe Leserinnen und Leser,

„Rohkost-Image" war gestern. Heute wissen wir, dass die vegetarische Küche nichts mit Askese und Verzicht zu tun hat. Im Gegenteil, die fleischlose Ernährung kann mit einer schier unglaublichen Vielfalt an geschmackvollen Gerichten punkten, die nicht nur vorzüglich sättigen, sondern eine optimale Nährstoffversorgung garantieren, sofern man den täglichen Speiseplan abwechslungsreich gestaltet.

Und „abwechslungsreich" ist in diesem Buch das Zauberwort: Von der Linsenlasagne über Sauerkrautbratlinge und gebackenem Räuchertofu bis hin zum Zucchini-Tomaten-Auflauf finden Sie eine vegetarische Wundertüte von wohlschmeckenden Rezepten, die neben ihrem ausgezeichneten Geschmack auch eine ideale Bedarfsdeckung mit Vitamin B12, Eiweiß, Eisen und sonstigen essenziellen Mineralien sicherstellen. Keine Spur von Eintönigkeit – gerade der bewusste Verzicht auf Fleisch und Fisch weckt die Entdeckungslust nach neuen und exotischen Geschmackserlebnissen.

Ob Sie zu den etwa 10 % der Vollzeit-Vegetarier in Deutschland gehören oder sich einfach hin und wieder fleischfreie Tage gönnen möchten: Die guten Argumente für vegetarische Ernährung sind nicht nur gesundheitlicher, sondern auch ethischer und moralischer Natur. So können Sie selbst durch gelegentlichen Verzicht auf Fleisch Ihren Beitrag leisten für einen schonenderen Umgang mit der Umwelt, für weniger Missstände in der Massentierhaltung. Auch soziale Gründe gibt es: Die vegetarische Lebensweise verbraucht nachweislich weniger Ressourcen und trägt aktiv zum Kampf gegen den Hunger in der Welt bei.

Beleben (lat.: „vegetare"!) Sie Ihren Alltag mit einer Vielzahl von Gerichten, so alltagstauglich wie lecker. So lässt sich vegetarischer Genuss leben – mit geschmackvollen Rezepten, die gesund, abwechslungsreich und bunt sind. Sie machen einfach gute Laune.

Kennen Sie das Print Magazin von Chefkoch? Das gibt es jeden Monat neu am Kiosk! Die Redaktion wählt dafür die besten saisonalen Rezepte aus, kocht sie nach, verbessert und fotografiert sie. Diese Rezepte finden Sie hier im Buch: alle gelingsicher und für jeden machbar.

**Viel Spaß beim Ausprobieren und Nachkochen wünscht**

**Ihr CHEFKOCH-Team**

Das Chefkoch Print Magazin erscheint monatlich am Kiosk

# Vorspeisen & Salate

Gurkencarpaccio mit Paprika-Pfirsich-Tatar
Avocado-Mango-Salat
Kichererbsen-Tofu-Salat
Scharfer Petersilien-Minze-Salat
Linsenbratlinge mit Joghurt-Minz-Soße
Möhren-Apfel-Salat mit Orangendressing
Rote-Linsen-Salat mit Roter Bete
Rucola-Sellerie-Salat „Waldorfstyle“
Taco-Schichtsalat
Salat mit Käse und Birne
Tomate-Mozzarella-Risotto
Überbackene Auberginen

SIMPEL
15 Min.

# Gurkencarpaccio mit Paprika-Pfirsich-Tatar ★★★★

Pro Portion 210 KCAL

**ZUTATEN** (2 Portionen)

**2 El** Sonnenblumenkerne

**1** Salatgurke (450 g)

**½** Pfirsich (70 g)

**½** rote Paprikaschote (110 g)

evtl. Schnittlauch zum Garnieren

**Für das Dressing**

**2 El** Weißweinessig

**2 El** Olivenöl

**1 El** Schnittlauchröllchen

Salz, Pfeffer

1. **Sonnenblumenkerne** in einer Pfanne ohne Fett anrösten, abkühlen lassen. **Gurke** in feine Scheiben hobeln. **Pfirsich** entkernen und fein würfeln. **Paprikaschote** putzen und fein würfeln.

2. **Gurke** dachziegelartig auf zwei Tellern verteilen. **Paprika, Pfirsich** und **Sonnenblumenkerne** mischen und darauf verteilen.

3. Für das Dressing alle Zutaten verquirlen. Auf **Gurke** und **Tatar** verteilen. Nach Belieben mit **Schnittlauchhalmen** garnieren.

**DACOTA2006:** „Das werde ich für Gäste mal als Vorspeise servieren."

**JUNIAJAKOB:** „Mit Chiliflocken, Zitronengras, Ingwer und Honig hab ich den Salat auf asiatisch getrimmt."

# Avocado-Mango-Salat

Pro Portion 300 KCAL

**ZUTATEN** (2 Portionen)

**1** reife Avocado
**1** reife Mango
**2 El** Zitronensaft
**1 El** heller Aceto balsamico
Salz, Pfeffer
**2 El** Olivenöl
evtl. **1 Stiel** Basilikum zum Garnieren

1. **Avocado** halbieren und den Kern entfernen. Fruchtfleisch mit einem Löffel aus der Schale lösen und in Spalten schneiden. **Mango** schälen und in Spalten schneiden, beides in eine Schüssel geben.

2. **Zitronensaft, Balsamico, Salz, Pfeffer** und **Olivenöl** verquirlen, alles gut mit dem Dressing mischen. Nach Belieben mit einigen **Basilikumblättern** garnieren.

**TIPP**

**Passender Füllstoff:** Sie haben noch etwas Mozzarella, Blattsalat und rote Zwiebeln im Vorrat? Die drei passen super in diesen Salat.

SIMPEL
25 Min.

# Kichererbsen-Tofu-Salat ★★★★½

Pro Portion 359 KCAL

**ZUTATEN** (4 Portionen)

**200 g** Kichererbsen (Dose)
**200 g** Edamame (Dose, siehe Info)
**100 g** grüne Bohnen
Salz, Pfeffer
**200 g** Räuchertofu
**5 El** Olivenöl
**1** Avocado
**1 Bund** glatte Petersilie
**2 El** Weißweinessig

1. **Kichererbsen** und **Edamame** abtropfen lassen. **Bohnen** putzen, halbieren oder in noch kürzere Stücke schneiden. In kochendem Salzwasser ca. 5 Min. garen, abschrecken und abtropfen lassen.

2. **Tofu** in kleine Würfel schneiden. **1 El Öl** in einer Pfanne erhitzen. **Tofu** darin bei starker Hitze anbraten. Mit **Salz** und **Pfeffer** würzen. **Avocado** halbieren, Kern entfernen, Fruchtfleisch aus der Schale lösen und in Würfel schneiden.

3. **Kichererbsen, Edamame, Bohnen, Tofu** und **Avocado** in eine Schüssel geben. Petersilienblätter fein schneiden. **Essig, Salz, Pfeffer** und restliche **4 El Öl** verrühren und mit der Petersilie unter die Salatzutaten mischen. Mit Salz und Pfeffer abschmecken.

**TIPP**

**Was ist Edamame?** Der japanische Begriff heißt „Bohnen am Zweig" und bezeichnet die noch unreif geernteten Sojabohnen. Sie sind leuchtend grün und haben eine weiche Konsistenz. Edamame gibt es in Dosen oder tiefgekühlt im Bio- oder Asialaden.

SIMPEL
ca. 20 Min.
+ 1 Std.
Ruhezeit

► Verfasser: CHEFKOCH, WEB: CK-MAG.DE/050217

# Scharfer Petersilien-Minze-Salat

★★★★

Pro Portion 310 KCAL

**ZUTATEN** (4 Portionen)

**200 g** Bulgur
Salz, Pfeffer aus der Mühle
**6** Strauchtomaten
**1** Salatgurke
**1** kleine Chilischote
**3** Frühlingszwiebeln
**3 Bund** glatte Petersilie
**1 Bund** Minze
**1** Limette
**4 El** Olivenöl

1. **Bulgur** mit der doppelten Menge heißem Salzwasser aufkochen und nach Packungsanweisung kochen.

2. **Tomaten** und **Gurke** entkernen und in kleine Würfel schneiden. **Chili** entkernen und in feine Ringe schneiden.

3. **Frühlingszwiebeln** putzen und in dünne Ringe schneiden. **Petersilie** und **Minze** fein schneiden.

4. **Limette** auspressen, mit **Olivenöl, Salz** und **Pfeffer** verquirlen. **Bulgur** mithilfe einer Gabel auflockern, damit keine Klümpchen zurückbleiben. Mit **Tomaten, Gurke, Chili, Frühlingszwiebeln, Kräutern** und **Marinade** vermischen. Mit **Salz** und **Pfeffer** würzen. Salat ca. 1 Std. durchziehen lassen.

**TIPP** **Sattmacher:** Taboulé ist ein Salat aus der arabischen Küche. Mit gegrilltem Käse wird ganz schnell eine Hauptmahlzeit daraus.

**HEAVYBINE:** „Den Joghurt als Erstes machen, so kann er etwas ziehen."

# Linsenbratlinge mit Joghurt-Minz-Soße ★★★★

Pro Portion 362 KCAL

**ZUTATEN** (4 Portionen)

**250 g** rote Linsen
**1** kleine Zucchini (200 g)
**1** Knoblauchzehe
**1** Ei (Kl. M)
**1-2 El** Mehl
**1 Tl** Currypulver
Salz, Pfeffer
**4 El** Öl
**3 Stiele** Minze
**250 g** Vollmilchjoghurt

1. **Linsen** nach Packungsanweisung garen. **Zucchini** grob raspeln und leicht ausdrücken (siehe Tipp).

2. **Linsen** abgießen und mit **Zucchini** in eine Schüssel geben. **Knoblauch** dazupressen. **Ei** und so viel **Mehl** mit einem Kochlöffel unterrühren, dass eine dicke, formbare Masse entsteht. Mit **Curry, Salz** und **Pfeffer** würzen. Mit angefeuchteten Händen aus der Masse Bratlinge formen.

3. **Öl** in einer Pfanne erhitzen, Bratlinge darin von jeder Seite 4 Min. goldbraun braten. Auf Küchenpapier abtropfen lassen.

4. **Minzeblätter** fein schneiden, mit dem **Joghurt** verrühren. Dip mit **Salz** abschmecken und zu den Bratlingen servieren. Dazu passen Pita- oder Fladenbrot und griechischer Salat.

**TIPP** **Klein und knackig!** Für die Bratlinge kleine Zucchini bevorzugen. Große Exemplare sind im Inneren weicher und ziehen mehr Wasser als die kleinen.

SIMPEL
20 Min.
+ 30 Min.
Ziehzeit

▶ Verfasser: ELANDA, WEB: CK-MAG.DE/420317

# Möhren-Apfel-Salat mit Orangendressing

Pro Portion 314 KCAL

**ZUTATEN** (4 Portionen)

**500 g** Möhren
**1** großer Apfel
**60 g** Walnusskerne

**Für das Dressing**

**1** Orange
**1 Stück** Ingwer (1 cm)
**3 El** Weißweinessig
Salz, Pfeffer
**1 Prise** Zucker
**5 El** Öl (z. B. Rapsöl)

1. **Möhren** schälen. **Apfel** entkernen. Beides auf einer Haushaltsreibe direkt in eine große Schüssel reiben. **Nüsse** grob hacken.

2. Für das Dressing **Orange** auspressen. Ingwer reiben und mit dem Orangensaft verrühren. **Essig, Salz, Pfeffer** und **Zucker** mit einem Schneebesen unterrühren. Dressing über die Rohkost geben, alles gut vermischen. Salat ca. 30 Min. kalt stellen.

3. **Walnüsse** vor dem Servieren über den Salat streuen.

**MAYLA99:** „Ich mische gern noch Zitronenverbene und Minze unter."

NORMAL
35 Min.

► Verfasser: SESSM, WEB: CK-MAG.DE/251117

# Rote-Linsen-Salat mit Roter Bete ★★★★★

Pro Portion 650 KCAL

**ZUTATEN** (2 Portionen)

**4 El** Olivenöl
**200 g** rote Linsen
**1 Tl** Kreuzkümmel
**1 Tl** Curry
**250 ml** Gemüsebrühe
**400 g** Rote Beten (gekocht, vakuumverpackt)
**4** Frühlingszwiebeln
½ **Bund** Petersilie
**1 Tl** Senf
**1 El** Honig
**3 El** Apfelessig
Salz, Pfeffer aus der Mühle

1. **1 El Öl** im Topf erhitzen, **Linsen** darin kurz andünsten, **Kreuzkümmel** und **Curry** dazugeben. Mit **Brühe** ablöschen und ca. 10 Min. bei milder Hitze einköcheln. In ein Sieb gießen, abtropfen und abkühlen lassen.

2. **Rote Beten** in ein Sieb geben, abtropfen lassen und in kleine Stücke schneiden. **Frühlingszwiebeln** putzen und in Ringe schneiden. **Petersilienblätter** abzupfen und grob hacken.

3. **Senf, Honig, Essig, Salz** und **Pfeffer** verrühren, restliche **3 El Öl** nach und nach in das Dressing rühren.

4. **Linsen** mit **Roten Beten** und **Frühlingszwiebeln** vermengen. Dressing und **Petersilie** dazugeben, gut vermischen und nach Belieben mit **Pfeffer** und **Salz** abschmecken.

**DIMIQUILT:** „Mein Mann hat noch Ziegenkäse hineingegeben. Großartige Kombination."

NORMAL
40 Min.

▶ Verfasser: ANJACELINE, WEB: CK-MAG.DE/340417

# Rucola-Sellerie-Salat „Waldorfstyle“ ★★★★

Pro Portion 453 KCAL

**ZUTATEN** (4 Portionen)

**80 g** Rucola

**200 g** kernlose grüne Weintrauben

**150 g** Staudensellerie

**50 g** Walnusskerne

**4 Stiele** Petersilie

**1** roter Apfel (z. B. Elstar)

**1 gehäufter Tl** Dijonsenf

**2 El** heller Aceto balsamico

Salz, Pfeffer

**1 Prise** Zucker

**6 El** Olivenöl

**2 El** Joghurt

**150 g** Blauschimmelkäse

1. **Rucola** putzen, waschen und vorsichtig trocken schleudern. **Trauben** halbieren. **Sellerie** putzen und schräg in ½ cm dicke Scheiben schneiden. **Walnüsse** grob hacken und in einer Pfanne ohne Fett rösten. **Petersilienblätter** abzupfen. **Apfel** vierteln, entkernen und in dünne Scheiben schneiden.

2. **Senf, Essig** und **2 El Wasser** mit **Salz, Pfeffer** und **Zucker** verrühren. **Öl** nach und nach unterrühren. **Joghurt** zugeben und unterrühren.

3. **Rucola, Trauben, Sellerie, Walnüsse, Petersilie** und **Apfel** mischen und auf eine Platte geben. Salat mit Dressing beträufeln, **Käse** zerbröseln und über dem Salat verteilen.

**SUKEYHAMBURG17:** „Der Salat wurde einst im berühmten Hotel Waldorf Astoria in Manhattan erfunden und ist so simpel wie einfach. Ich liebe diese Variante mit etwas Grün.“

NORMAL
30 Min.

► Verfasser: NESSAJA84, WEB: CK-MAG.DE/260617

# Taco-Schichtsalat ★★★★½

Pro Portion 630 KCAL

**ZUTATEN** (6 Portionen)

**1** Eisbergsalat
**3** gemischte Paprikaschoten
**1** Salatgurke
**4** Tomaten
**1 Dose** Mais (285 g)
**1 Dose** Kidneybohnen (400 g)
**400 g** Schmand
**1 Flasche** Tacosauce (z. B. „Texicana Salsa")
**250 g** geriebener Gouda
**1 Pck.** Tortillachips

1. **Eisbergsalat** putzen, in Streifen schneiden. **Paprika** putzen. **Paprika** und **Salatgurke** in kleine Würfel schneiden. **Tomaten** halbieren, in Scheiben schneiden. **Mais** und **Bohnen** abtropfen lassen.

2. Vorbereitete Zutaten nacheinander in eine große Schüssel schichten. **Schmand** darauf verstreichen, **Tacosauce** darauf verteilen. Alles mit **Käse** bestreuen. Schichtsalat nach Belieben einige Std. durchziehen lassen.

3. Kurz vor dem Servieren **Chips** in grobe Stücke brechen und auf dem Salat verteilen.

**HAPPINESS:** „Hab die Birnen mit Zucker und Zitronensaft weich gedünstet und die Nüsse geröstet."

# Salat mit Käse und Birne ★★★★

Pro Portion 667 KCAL

**ZUTATEN** (2 Portionen)

**1** Chicorée
**1** kleiner Bataviasalat
**2** reife Birnen
**2 El** Zitronensaft
**1 Tl** Senf
**2 El** Weinessig
**1 Tl** Honig
**4 El** Walnussöl
Salz, Pfeffer
**1** Schalotte
**1** Knoblauchzehe
**½ Bund** Schnittlauch
**30 g** Walnüsse
**16 Stücke** Käse (z. B. Tête-de-Moine-Röschen, siehe Tipp)

1. **Salate** waschen, putzen und in mundgerechte Stücke zupfen. **Birnen** vierteln und längs in feine Spalten schneiden. Sofort mit dem **Zitronensaft** beträufeln.

2. Für das Dressing **Senf, Essig, Honig, Öl, Salz** und **Pfeffer** verrühren. **Schalotte** und **Knoblauch** in feine Würfel schneiden und in das Dressing geben.

3. **Schnittlauch** in Röllchen schneiden, **Walnüsse** hacken. **Salate** mit dem Dressing mischen und auf Tellern anrichten. Mit **Käse** und **Birnenspalten** garnieren. **Schnittlauch** und **Walnüsse** darüberstreuen.

**TIPP**

**Käse-Extra:** Tête de Moine ist ein Schweizer Halbhartkäse, der traditionell mit der sogenannten Girolle, einem speziellen Schabgerät, in Röschen gedreht wird. Alternativ können Sie Bergkäse in dünnen Scheiben über den Salat hobeln.

NORMAL
30 Min.

► Verfasser: TINKERBELLE67, WEB: CK-MAG.DE/360417

# Tomate-Mozzarella-Risotto

★★★★½

Pro Portion 486 KCAL

**ZUTATEN** (4 Portionen)

**ca. 1 l** Gemüsebrühe
**1** kleine Zwiebel
**3 El** Olivenöl
**250 g** Risottoreis
**250 g** Kirschtomaten
**250 g** Mozzarella
**½ Bund** glatte Petersilie
**1 Prise** gemahlener Koriander
**40 g** geriebener Parmesan
Salz, Pfeffer aus der Mühle

1. **Brühe** erhitzen. **Zwiebel** fein würfeln. **Öl** in einem Topf erhitzen, **Zwiebel** und **Reis** darin glasig dünsten. Kellenweise so viel heiße **Brühe** angießen, dass der **Reis** knapp bedeckt ist. Köcheln lassen, bis der **Reis** die Flüssigkeit aufgesogen hat. Ab und zu umrühren.

2. Nach und nach weitere **Brühe** angießen und einkochen lassen, bis der **Reis** nach ca. 20 Min. noch etwas Biss hat und der Risotto schön cremig ist.

3. **Tomaten** vierteln und **Mozzarella** würfeln. **Petersilienblätter** abzupfen und fein schneiden. Alles zusammen mit **Koriander** und **Parmesan** unter den Risotto rühren. Mit **Salz** und **Pfeffer** abschmecken.

NORMAL
25 Min.
+ 15 Min.
Garzeit
+ 30 Min.
Ruhezeit

► Verfasser: ANAKONDA1978, WEB: CK-MAG.DE/120917

# Überbackene Auberginen ★★★★½

Pro Portion 190 KCAL

**ZUTATEN** (4 Portionen als Vorspeise)

**2** Auberginen

Salz, Pfeffer aus der Mühle

**1** Knoblauchzehe

**4 El** Olivenöl

**3 El** Tomatenmark

**1 Dose** stückige Tomaten (400 g)

**5** Basilikumblätter

**50 g** gehobelter Parmesan

evtl. Majoranblättchen zum Garnieren

1. **Auberginen** in ca. 1 cm dicke Scheiben schneiden, auf eine Platte legen, kräftig salzen und ca. 30 Min. beiseitestellen, damit die **Auberginen** Wasser ziehen. Anschließend **Auberginen** gründlich abspülen, mit Küchenpapier trocken tupfen.

2. Für die Tomatensauce **Knoblauch** fein würfeln. **1 El Öl** in einem Topf erhitzen, **Knoblauch** darin glasig dünsten. **Tomatenmark** kurz mit andünsten. **Stückige Tomaten** unterrühren, aufkochen lassen. Sauce mit **Salz** und **Pfeffer** abschmecken. **Basilikum** in Streifen schneiden und unterrühren.

3. Restliche **3 El Öl** in einer Pfanne erhitzen, **Auberginen** darin von beiden Seiten leicht anbraten, dann auf ein gefettetes oder mit Backpapier belegtes Blech legen. Je **1 El Tomatensauce** und **Parmesan** darauf verteilen.

4. **Auberginen** im heißen Ofen bei 180 Grad (Umluft 160 Grad) ca. 15 Min. überbacken. Nach Belieben mit **Majoran** garnieren. Warm oder kalt servieren. Dazu passt Ciabatta.

**TIPP**

**So wird ein Auflauf draus:** Gebratene Auberginen und Sauce in eine Auflaufform schichten, zwischen den Lagen und als Deckel mit Mozzarellascheiben belegen. Mit Parmesan bestreuen, 30–40 Min. bei 180 Grad überbacken.

# Currys, Bowls & Suppen

Bulgur-Buddha-Bowl
Kichererbsencurry
Möhren-Kohlrabi-Kartoffelsuppe
Bärlauch-Grießnockerl
Portugiesische Gazpacho
Spinat-Kartoffel-Curry
Norddeutscher Eintopf
Vegane marokkanische Bowl
Vegetarischer Borschtsch
Wassermelonencurry

NORMAL
30 Min.

# Bulgur-Buddha-Bowl ★★★★★

Pro Portion 110 KCAL

**ZUTATEN** (2 Portionen)

**150 g** Bulgur
Salz, Pfeffer
**4** Champignons
**2** kleine Zwiebeln
**3 El** Olivenöl
**1 El** dunkler Aceto balsamico
**1** rote Paprikaschote
**4** Frühlingszwiebeln
**2** Tomaten
½ Salatgurke
**1** Avocado
**2-3 Spritzer** Zitronensaft
**6 El** Tomatenmark
**100 g** Feta
**6 El** Kichererbsen (Dose)
**6 El** Hummus
**2 El** gehackte Petersilie

1. **Bulgur** nach Packungsanweisung in Salzwasser garen. **Pilze** putzen. **Pilze** und **Zwiebeln** in Scheiben schneiden.

2. **1 EL Olivenöl** in einer Pfanne erhitzen. **Pilze** und **Zwiebeln** darin ca. 5 Min. anbraten. Mit **Salz** und **Pfeffer** würzen, mit **Essig** ablöschen, beiseitestellen.

3. **Paprika** putzen, in Streifen schneiden. **Frühlingszwiebeln** putzen, in feine Ringe schneiden. **Tomaten** in Scheiben schneiden. **Salatgurke** würfeln. **Avocado** halbieren, Kern entfernen. Fruchtfleisch aus der Schale lösen, in Scheiben schneiden und mit **1 Spritzer Zitronensaft** beträufeln.

4. Gegarten **Bulgur** mit **Tomatenmark**, restlichen **2 El Olivenöl** und **Frühlingszwiebeln** mischen, mit **Salz** und **Pfeffer** abschmecken.

5. **Bulgur** in zwei Schüsseln verteilen, klein geschnittenes **Gemüse**, zerbröckelten **Feta**, abgetropfte **Kichererbsen** und **Zwiebel-Pilz-Mischung** darauf anrichten. **Hummus** darauf verteilen. Mit etwas **Zitronensaft** beträufeln, mit **Pfeffer** und **Petersilie** bestreuen.

SIMPEL
35 Min.

# Kichererbsencurry ★★★★½

Pro Portion 332 KCAL

**ZUTATEN** (4 Portionen)

**550 g** Kartoffeln
**350 g** Möhren
Salz
**160 g** Kichererbsen
**200 g** Mais (Dose)
**5 Tl** Tomatenmark
**2 El** Currypulver
**½ Tl** Harissa
**350 ml** passierte Tomaten
**250 ml** Kokosmilch
evtl. **4 Stiele** Koriander
evtl. Limettensaft

1. **Kartoffeln** und **Möhren** schälen und würfeln. Ca. 10 Min. in Salzwasser garen.

2. **Kichererbsen** abtropfen lassen. In einer heißen Pfanne **Kartoffel- und Möhrenwürfel, Mais und Kichererbsen** kurz anbraten. **Tomatenmark, Currypulver** und **Harissa** hinzufügen und gut verrühren. **Passierte Tomaten** und **1 ½ Tl Salz** zugeben und 10 Min. köcheln lassen.

3. **Kokosmilch** zugeben und bei milder Hitze 3–5 Min. garen. Nach Belieben mit **Koriander** garnieren und mit etwas **Limettensaft** beträufeln. Dazu passt Basmatireis oder Fladenbrot.

SIMPEL

30 Min. + 1 Std. Ruhezeit + 40 Min. Garzeit

# Möhren-Kohlrabi-Kartoffelsuppe ★★★★

Pro Portion 100 KCAL

**ZUTATEN** (4 Portionen)

**1** Kohlrabi (400 g)
**500 g** Möhren
**1** Zwiebel
**25 g** Ingwer
**1 El** Tomatenmark
**1 El** Öl
**2** Lorbeerblätter
**1,25 l** Gemüsebrühe
**200 g** Kartoffeln
Salz, Pfeffer

1. Junges **Kohlrabigrün** abzupfen und beiseitelegen. **Kohlrabi** und **Möhren** schälen und in kleine Würfel schneiden. **Zwiebel** fein würfeln.

2. **Zwiebel- und Gemüsewürfel** in einen weiten Topf geben. **Ingwer** schälen, fein reiben, zufügen. **Tomatenmark, Öl** und **Lorbeerblätter** untermischen. Zugedeckt ca. 1 Std. marinieren lassen.

3. Die Gemüsemischung bei starker Hitze ca. 5 Min. andünsten. **Brühe** dazugießen, aufkochen und ca. 10 Min. kochen.

4. **Kartoffeln** schälen, fein reiben und unter die Gemüsesuppe mischen. Zugedeckt ca. 30 Min. köcheln lassen. Suppe mit **Salz** und **Pfeffer** abschmecken. Beiseitegelegtes **Kohlrabigrün** in Streifen schneiden und darüberstreuen.

**TIPP**

**So gut, weil ...** hier der Frühling auf den Tisch kommt, und wie! Wer die Kartoffeln lieber stückig mag, schneidet sie in Würfel und dünstet sie gleich mit dem anderen Gemüse an. Zum Andicken einen Teil der Suppe pürieren.

SIMPEL
30 Min.

▶ Verfasser: MANUGRO, WEB: CK-MAG.DE/470517

# Bärlauch-Grießnockerl

Pro Portion 340 KCAL

**ZUTATEN** (4 Portionen)

**1 Bund** Bärlauch (45 g)
**70 g** weiche Butter
**2** Eier (Kl. L)
**175 g** Hartweizengrieß
Salz, Pfeffer
Muskat
**2 l** Gemüsebrühe
evtl. **4 Stiele** Kerbel

1. **Bärlauch** putzen und in feine Streifen schneiden. **Butter** mit den Quirlen des Handrührers schaumig rühren. **Eier, Grieß** und **Bärlauch** gleichmäßig unterrühren. Masse mit **Salz, Pfeffer** und **Muskat** würzen.

2. **Brühe** aufkochen. Mit zwei angefeuchteten Esslöffeln von der Masse Nocken abstechen. Nocken direkt in die leicht siedende **Brühe** geben und zugedeckt 15–20 Min. ziehen lassen. Nach Belieben mit gehacktem **Kerbel** bestreuen.

SIMPEL
30 Min.
+ 2 Std.
Kühlzeit

► Verfasser: HEIMWERKERKÖNIG, WEB: CK-MAG.DE/360617

# Portugiesische Gazpacho (kalte Gemüsesuppe) ★★★★

Pro Portion 250 KCAL

**ZUTATEN** (4 Portionen)

**500 g** Tomaten
**1** rote Paprikaschote
**1** grüne Paprikaschote
½ Salatgurke
**4** dicke Scheiben Weißbrot (ohne Rinde, vom Vortag)
**4 El** Weißweinessig
**4 El** Olivenöl
**½-1 Tl** gehackter Oregano
Salz, Pfeffer
**1-2** Knoblauchzehen
evtl. **4 El** Croûtons

1. **Tomaten** häuten, entkernen. **Paprikaschoten** putzen, **Gurke** schälen, entkernen. Alles fein würfeln, in eine Schüssel geben.

2. **Brot** in kleine Stücke schneiden. **Essig, Öl, Oregano, Salz** und **Pfeffer** verschlagen, **Knoblauch** dazupressen. Vinaigrette zusammen mit dem **Brot** unter die Gemüsemischung rühren.

3. So viel Eiswasser (500–750 ml) unterrühren, dass eine dickliche Mischung entsteht. Mindestens 2 Std. kalt stellen. Mit **Salz** und **Pfeffer** abschmecken. Gazpacho nach Belieben mit **Croûtons** anrichten.

**HEIMWERKERKÖNIG:** „Ähnlich wie die spanische Variante, das perfekte Essen an heißen Tagen."

NORMAL
25 Min.
+ 35 Min.
Garzeit

► Verfasser: ARS_VIVENDI, WEB: CK-MAG.DE/250418

# Spinat-Kartoffel-Curry ★★★★

Pro Portion 314 KCAL

**ZUTATEN** (2 Portionen)

**400 g** festkochende Kartoffeln
Salz, Pfeffer
**1** Zwiebel
**2** Knoblauchzehen
½ rote Chilischote
**1 Stück** Ingwer (1 cm)
½ **Tl** Koriandersamen
**2 El** Öl
**1 Tl** Garam Masala
¼ **Tl** Kurkuma
½ **Tl** Kreuzkümmelsamen
**1 Dose** stückige Tomaten (400 g)
**250 g** Blattspinat
**2 El** Joghurt

1. **Kartoffeln** in kochendem Salzwasser 15 Min. bissfest garen. Abgießen, abtropfen lassen und je nach Größe in 4–6 Stücke schneiden. **Zwiebel** und **Knoblauch** würfeln. **Chilischote** nach Wunsch entkernen und fein schneiden. **Ingwer** fein würfeln. **Koriander** im Mörser zerstoßen.

2. **Öl** in einem Topf erhitzen. **Zwiebel** und **Knoblauch** darin glasig dünsten. **Chili, Ingwer, Garam Masala, Kurkuma, Kreuzkümmel** und **Koriander** zugeben und unter Rühren 1 Min. mitdünsten. **Tomaten** unterrühren, zugedeckt bei milder Hitze 15 Min. köcheln lassen.

3. **Kartoffeln** untermischen und 5 Min. weiterköcheln. **Spinat** putzen, nach Belieben etwas zerkleinern. Unter das Kartoffelcurry heben und zugedeckt 5 Min. zusammenfallen lassen. Curry mit **Salz** und **Pfeffer** kräftig abschmecken. Mit je 1 El **Joghurt** anrichten.

**TIPP**

**Verlängern Sie den Genuss!** Sie können zum Ende hin noch 100 ml Gemüsebrühe zugeben, um mehr Sauce zu haben. Ganz, wie Ihnen die Konsistenz am liebsten ist.

SIMPEL
25 Min.

▶ Verfasser: BRANDYBUNNY, WEB: CK-MAG.DE/301118

# Norddeutscher Eintopf (Schnüsch) ★★★★

Pro Portion 446 KCAL

**ZUTATEN** (4 Portionen)

**400 g** Kartoffeln
**300 g** Möhren
**300 g** Kohlrabi
Salz, Pfeffer
**200 g** TK-Erbsen
**50 g** Mehl
**50 g** weiche Butter
**1 l** Milch
**2-3 Prisen** Muskat
**1 Bund** Petersilie

1. **Kartoffeln, Möhren** und **Kohlrabi** schälen und in 1 cm große Würfel schneiden. In kochendem Salzwasser 13-15 Minuten garen. 3-4 Min. vor Ende der Garzeit die **Erbsen** zufügen. Gemüse abtropfen lassen.

2. **Mehl** und **Butter** mit den Fingern gründlich verkneten. **Milch** im Topf aufkochen, Mehlbutter in kleinen Stücken zugeben und mit dem Stabmixer untermixen, Sauce kurz köcheln lassen.

3. Gemüse in die Sauce geben und den Eintopf mit **Salz, Pfeffer** und **Muskat** würzen. **Petersilienblätter** fein schneiden und unterrühren.

NORMAL
20 Min.
+ 40 Min.
Garzeit

► Verfasser: ENERGYBIRD, WEB: CK-MAG.DE/020119

# Vegane marokkanische Bowl

★★★★

Pro Portion 683 KCAL

**ZUTATEN** (4 Portionen)

**1** Aubergine
**3** Knoblauchzehen
**2** Zwiebeln
**2 El** Kokosöl
**3 El** Tomatenmark
Salz, Pfeffer
**2 Tl** Zimt
**1 Tl** gemahlener Kreuzkümmel
**1 Tl** gemahlener Ingwer
**1 Tl** Kurkuma
**½ Tl** edelsüßes Paprikapulver
**300–400 ml** Gemüsebrühe
**1 Dose** stückige Tomaten (400 g)
**1 Dose** Kichererbsen (400 g)
**100 g** Rosinen
**200 g** Hirse oder Couscous
**2** Avocados
**½ Bund** Minze
**½ Bund** Koriander
**2 El** Zitronensaft
**1 Tl** Agavendicksaft
**2 El** Olivenöl
**125 g** Natursojajoghurt
**1 Handvoll** Rauchmandeln
**1 Handvoll** Granatapfelkerne

1. **Aubergine** putzen und in mundgerechte Stücke schneiden. **Knoblauch** und **1 Zwiebel** fein würfeln. **1 Zwiebel** achteln.

2. **Kokosöl** in einem großen Topf erhitzen, alle **Zwiebeln** und **Knoblauch** darin glasig dünsten. **Auberginenwürfel, Tomatenmark, 1 Tl Salz** und die **Gewürze** zugeben, 5 Min. andünsten. Mit **300 ml Brühe** ablöschen. **Tomaten** zugeben, aufkochen lassen. Gemüse zugedeckt bei milder Hitze 20 Min. köcheln lassen. Zwischendurch umrühren und, falls nötig, restliche **100 ml Brühe** zugeben.

3. **Kichererbsen** abtropfen lassen und mit **50 g Rosinen** zugeben. 10 Min. weiterschmoren, bis die **Auberginen** weich sind.

4. **Hirse** nach Packungsanweisung zubereiten, restliche **50 g Rosinen** unterheben.

5. **Avocados** halbieren, Kern entfernen, Fruchtfleisch aus der Schale lösen und würfeln. **Kräuterblätter** grob schneiden. **Zitronensaft, Agavendicksaft, Salz, Pfeffer** und **Öl** verrühren, mit **Avocados** und **Kräutern** mischen.

6. **Hirse, Avocadosalat** und **Auberginengemüse** auf Schalen verteilen. Mit je **1 Klecks Joghurt**, einigen **Rauchmandeln** und **Granatapfelkernen** garnieren.

NORMAL
20 Min.
+ 50 Min.
Garzeit

# Vegetarischer Borschtsch

Pro Portion 259 KCAL

**ZUTATEN** (4 Portionen)

**170 g** Zwiebeln
**400 g** Weißkohl
**2** Knoblauchzehen
**1 El** Butter
**1 El** Tomatenmark
**800 ml** Gemüsebrühe
**200 g** stückige Tomaten (Dose)
**½ Tl** Kümmelsamen
**1 Tl** edelsüßes Paprikapulver
**400 g** Kartoffeln
**400 g** Rote Beten (geschält, gekocht)
Salz, Pfeffer
**2 El** Zitronensaft
**1 kleines Bund** Dill
**4 El** Schmand

1. **Zwiebeln** grob hacken. **Weißkohl** putzen und in feine Streifen schneiden. **Knoblauch** fein würfeln.

2. **Butter** in einem Topf erhitzen, vorbereitete Zutaten darin ca. 4 Min. andünsten. **Tomatenmark** unterrühren und kurz mitdünsten. **Brühe** und **stückige Tomaten** unterrühren. Mit **Kümmel** und **Paprika** würzen. Zugedeckt bei mittlerer Hitze ca. 20 Min. köcheln lassen.

3. **Kartoffeln** schälen. **Kartoffeln** und **Rote Beten** in ca. 1 cm große Würfel schneiden. Zur Suppe geben, weitere 30 Min. garen. Borschtsch mit **Salz, Pfeffer** und **Zitronensaft** abschmecken. **Dill** klein schneiden, darüberstreuen. **Schmand** dazu reichen. Dazu schmeckt frisches Bauernbrot.

**SHARIE88:** „Schmeckt auch vegan, statt Schmand nehme ich Kokossahne."

NORMAL
30 Min.
+ 20 Min.
Kochzeit

▶ Verfasser: JULIAHASS, WEB: CK-MAG.DE/320917

# Wassermelonencurry ★★★★

Pro Portion 100 KCAL

**ZUTATEN** (4 Portionen)

**500 g** Wassermelone
**2** Knoblauchzehen
ca. **3 cm** Ingwer
**½ Tl** Salz
**1 El** Koriandersamen
**1 Msp.** rote Currypaste
**½ Tl** rotes Chilipulver
**2** Schalotten
**2 El** Sesamöl
**150 g** Cocktailtomaten
Saft von **1** Limette

1. **Wassermelone** entkernen und mit einem Kugelausstecher ca. 30 Melonenkugeln ausstechen. Das restliche Fruchtfleisch mit dem Stabmixer fein pürieren.

2. **Knoblauch** und **Ingwer** fein hacken, mit **Salz, Koriandersamen** und **Currypaste** im Mörser zu einer Paste verarbeiten. Paste mit **Chilipulver** im Wassermelonenpüree verrühren.

3. **Schalotten** in feine Streifen schneiden. **Öl** in einer Pfanne oder im Wok erhitzen, **Schalotten** darin kurz andünsten. Wassermelonenpüree dazugeben und köcheln lassen, bis die Flüssigkeit um ein Drittel reduziert ist.

4. **Cocktailtomaten** (eventuell halbiert) dazugeben. Curry mit dem **Limettensaft** abschmecken.

5. Melonenkugeln kurz im Curry erwärmen. Dazu passt Basmatireis.

**WILMA217:** „Mit einer reifen Melone kommt der Geschmack am besten raus."

# Say cheese ...

Auberginenröllchen mit Ziegenkäsefüllung

Käseschnitzel

Pasta mit Käse und Rosenkohl

Blätterteigpizza mit Ziegenkäse, Honig und Kirschtomaten

Südtiroler Kasnocken

NORMAL
30 Min.
+ 30 Min.
Ruhezeit

# Auberginenröllchen mit Ziegenkäsefüllung ★★★★

Pro Portion 310 KCAL

**ZUTATEN** (20 Portionen)

**2** Auberginen

**8 El** Öl

Salz, Pfeffer

**8** getrocknete Tomaten (in Öl, abgetropft)

**3-4** Basilikumblätter

**175 g** Ziegenfrischkäse

**50 g** Quark

**2 El** Zitronensaft

1. **Auberginen** der Länge nach in insgesamt 20 dünne Scheiben schneiden. Auf einem mit Backpapier belegten Blech verteilen. Von beiden Seiten mit der Hälfte **Öl** bepinseln und salzen. Unter dem heißen Backofengrill je 2–4 Min. von beiden Seiten hellbraun grillen.

2. **Getrocknete Tomaten** in kleine Würfel schneiden, **Basilikumblätter** fein schneiden. **Tomaten, Ziegenfrischkäse, Quark** und die **Hälfte Basilikum** verrühren. Mit **Salz** und **Pfeffer** abschmecken und gleichmäßig auf die Auberginenscheiben streichen. Scheiben aufrollen und mit Cocktail- oder Holzspießchen zustecken.

3. Restliche **4 El Öl, Zitronensaft** und **übriges Basilikum** verrühren, über die Röllchen geben und 30 Min. durchziehen lassen.

NORMAL
15 Min. +
10 Min.
Kochzeit

# Käseschnitzel ★★★★

Pro Portion 520 KCAL

**ZUTATEN** (4 Portionen)

**250 g** Käse (z. B. Emmentaler oder Gouda)

**150 g** Naturjoghurt

**2** Eier (Kl. M)

Salz

**4 El** Mehl

**8 El** Paniermehl

**4 El** Öl

1. **Käse** reiben. Mit **Joghurt, Eiern** und **2 Prisen Salz** in einer Schüssel mit einer Gabel verrühren. **Mehl** einstreuen und unterrühren. **Paniermehl** auf einen Teller geben.

2. Aus der Käsemasse mit den Händen flache Schnitzel formen. Nacheinander im **Paniermehl** wenden, **Mehl** dabei etwas andrücken.

3. **Öl** in einer Pfanne erhitzen. Schnitzel darin einzeln 3–4 Min. pro Seite ausbacken. Dazu passt grüner Salat.

**SCHAECH001:** „Tolles Rezept, wenn man gerade viele Käsereste zu Hause hat."

NORMAL
40 Min.

# Pasta mit Käse und Rosenkohl

★★★★

Pro Portion 688 KCAL

**ZUTATEN** (2 Portionen)

**250 g** Rosenkohl (frisch oder TK)

Salz, Pfeffer aus der Mühle

**200 g** Hörnchennudeln

**150 ml** Milch

**60 g** Gruyère (oder anderer Bergkäse)

**80 ml** Schlagsahne

**2-3 Prisen** Muskat

1. **Frischen Rosenkohl** putzen, **TK-Rosenkohl** auftauen lassen. Röschen halbieren und in kochendem Salzwasser 5–8 Min. bissfest garen. **Rosenkohl** abtropfen lassen und zugedeckt beiseitestellen.

2. **Nudeln** nach Packungsanweisung in kochendem Salzwasser bissfest garen. Abgießen, abtropfen lassen und zurück in den Topf geben. Sofort die **Milch** unterrühren, zugedeckt etwas ziehen lassen.

3. **Käse** reiben, mit der **Sahne** mischen und mit **Pfeffer** und **Muskat** würzen. Zusammen mit dem **Rosenkohl** unter die **Nudeln** heben. Topf wieder auf den Herd stellen und alles nochmals kurz unter Rühren erwärmen, bis der **Käse** anfängt zu schmelzen. Sofort servieren.

SIMPEL
10 Min.
+ 25 Min.
Backzeit

▶ Verfasser: CHEFKOCH-VIDEO, WEB: CK-MAG.DE/380718

# Blätterteigpizza mit Ziegenkäse, Honig und Kirschtomaten

Pro Portion 602 KCAL

**ZUTATEN** (4 Portionen)

**1 Pck.** Blätterteig (Kühlregal, 275 g)

**120 g** Crème fraîche

**6 Stiele** Thymian plus Thymian zum Garnieren

Salz, Pfeffer

**200 g** Ziegenweichkäserolle

**300 g** Kirschtomaten

**3 El** Honig

1. **Blätterteig** auf einem Backblech entrollen und mit **Crème fraîche** bestreichen. **Thymianblätter** von den Stielen zupfen und auf der Creme verteilen.

2. Mit **Salz** und **Pfeffer** würzen. **Käse** in Scheiben schneiden. **Käse** und **Tomaten** auf der Pizza verteilen.

3. Pizza im heißen Ofen bei 220 Grad (Umluft 200 Grad) 15 Min. backen. Mit **Honig** beträufeln, weitere 8–10 Min. backen. Mit **Thymian** garniert servieren.

**KARTOFFELDIEB:** „Die Cocktailtomaten habe ich halbiert, damit sie beim Essen nicht runterkullern."

NORMAL
30 Min.
+ 30 Min.
Ruhezeit
+ 10 Min.
Garzeit

# Südtiroler Kasnocken ★★★★

Pro Portion 592 KCAL

**ZUTATEN** (6 Portionen)

**250 ml** Milch
**6** Brötchen (300 g, 1–2 Tage alt)
**1** Zwiebel
**1** Knoblauchzehe
**150 g** Butter
**1 Bund** glatte Petersilie
**200 g** Gorgonzola
**3** Eier (Kl. M)
Salz, Pfeffer aus der Mühle
**1 Prise** Muskat
ca. **50 g** Mehl
**60 g** Parmesan

1. **Milch** erhitzen. **Brötchen** klein würfeln, in einer Schüssel mit **Milch** begießen. Zugedeckt beiseitestellen.

2. **Zwiebel** und **Knoblauch** fein würfeln. **50 g Butter** in einer Pfanne erhitzen, **Zwiebel** und **Knoblauch** darin glasig dünsten. Etwas abkühlen lassen. **Petersilienblätter** abzupfen, fein schneiden.

3. **Gorgonzola** in Stückchen schneiden, zu den eingeweichten **Brötchen** geben. **Zwiebelmischung, Petersilie** und **Eier** zugeben. Mit **Salz, Pfeffer** und **Muskat** würzen und mit den Händen gründlich verkneten. Dabei so viel **Mehl** unterkneten, bis die Masse gut formbar ist. Teig ca. 30 Min. zugedeckt ruhen lassen.

4. In einem weiten Topf reichlich Salzwasser zum Kochen bringen. Mit zwei Esslöffeln oder angefeuchteten Händen aus dem Teig Nocken oder Klößchen formen. Ins kochende Wasser geben, bei milder Hitze ca. 10 Min. sieden (nicht sprudelnd kochen) lassen.

5. Restliche **100 g Butter** in einem kleinen Topf leicht anbräunen lassen. Nocken mit einer Schaumkelle herausheben, auf Tellern anrichten. Mit brauner **Butter** beträufeln, **Parmesan** darüberhobeln.

# Pasta Time

Frische Gnocchi
Gemüsenudeln mit Erdnusssauce
Pilzlasagne
Schnelle Spaghetti
Spaghetti mit Mangold-Feta-Creme
Tagliatelle mit Spinat, Champignons und Röstzwiebeln
Würziger Pak Choi mit Paprika und Mienudeln
Nudeln mit Dicken Bohnen und Salbei
Wirsing-Paprika-Nudeln

NORMAL
1 Std.
+ 1 Std.
Kühlzeit

# Frische Gnocchi ★★★★

Pro Portion 320 KCAL

**ZUTATEN** (6 Portionen)

**1 kg** mehligkochende Kartoffeln

Salz

**200 g** Maismehl

**100 g** Maisgrieß

**3** Eier (Kl. M)

**2-3 El** Kartoffelstärke

1. **Kartoffeln** mit Schale in Salzwasser ca. 20 Min. weich kochen. Abgießen, noch heiß schälen, durch eine Kartoffelpresse drücken.

2. **Maismehl und -grieß** dazugeben. **Eier** zufügen. Masse mit etwas **Salz** würzen.

3. Zutaten in der Schüssel mit den Knethaken des Handrührers verrühren, bis sie sich gerade eben gut verbunden haben.

4. Falls der Kartoffelteig noch nicht formbar ist, **1 El Kartoffelstärke** unterrühren. Teig ca. 1 Std. kalt stellen (dadurch wird er noch fester).

5. Teig auf die mit **Stärke** bestäubte Arbeitsfläche geben und portionsweise zu ca. 3 cm dicken Rollen formen.

6. Rollen mit einem Messer gleichmäßig in 3-4 cm lange Stücke schneiden.

7. Mit einer Gabel Rillen in die Oberfläche der Teigstücke drücken, Stücke dabei oval formen. Gnocchi so lange in sanft kochendem Salzwasser garen, bis sie oben schwimmen.

**TIPP**

**Von Sorte zu Sorte:** Wer keine mehligkochenden Kartoffeln bekommt, bereitet die Gnocchi mit einer vorwiegend festkochenden Sorte zu. Da diese nicht so gut bindet, eventuell noch 1 El mehr Maismehl unterkneten.

NORMAL
30 Min.

► Verfasser: SOKRUE, WEB: CK-MAG.DE/130717

# Gemüsenudeln und Erdnusssauce ★★★★½

Pro Portion 600 KCAL

**ZUTATEN** (2 Portionen)

**200 g** vegane Spaghetti oder Bandnudeln

Salz, Pfeffer

**1** kleine Zucchini

**1** große Möhre

**1** kleine Zwiebel

**1** kleine rote Chilischote

**1 El** Olivenöl

**200 ml** Gemüsebrühe

**1 El** vegane gesalzene Erdnussbutter

**1 Spritzer** Limettensaft

**1 Handvoll** Erdnüsse

1. **Nudeln** nach Packungsanweisung in kochendem Salzwasser bissfest garen. Abschrecken, abtropfen lassen und beiseitestellen.

2. **Zucchini** putzen, **Möhre** schälen. Beides mit einem Sparschäler längs in lange Streifen schneiden. **Zwiebel** hacken, **Chilischote** fein hacken, nach Belieben Kerne entfernen.

3. **Olivenöl** in einer großen Pfanne erhitzen. **Zwiebel** und **Chili** darin 2–3 Min. anschwitzen, Gemüsestreifen dazugeben und kurz anbraten. Mit **Gemüsebrühe** ablöschen, aufkochen lassen. **Erdnussbutter** einrühren.

4. Mit **Limettensaft** und **Pfeffer** abschmecken. **Nudeln** zur Soße geben und gut verrühren. Auf Tellern verteilen, **Erdnüsse** hacken und darüberstreuen.

**ZUTATEN** (4 Portionen)

**400 g** Champignons

**400 g** Kräuterseitlinge

**200 g** Steinpilze oder Shiitakepilze

**5 Stiele** Thymian

**2 Zweige** Rosmarin

**300 g** Zwiebeln

**2** Knoblauchzehen

**150 g** Möhren

**200 g** Knollensellerie

**6 El** Olivenöl

**2 El** Tomatenmark

**200 ml** Rotwein

**2 Dosen** stückige Tomaten (à 400 g)

**1** Lorbeerblatt

Salz, Pfeffer

Zucker

**50 g** Butter (**plus 2 Tl** für die Form)

**50 g** Mehl

**700 ml** Milch

**100 g** fein geriebener Parmesan

**2 Prisen** frisch geriebene Muskatnuss

**12** Lasagneplatten

► Verfasser: CK_PRINT-KOCHSCHULE, WEB: CK-MAG.DE/31221

# Pilzlasagne ★★★★

Pro Portion 840 KCAL

1. **Pilze** putzen, vierteln und auf einem mit Backpapier belegten Blech verteilen. Im heißen Ofen bei 140 Grad Umluft auf der mittleren Schiene 20 Min. trocknen.

2. In der Küchenmaschine die **Pilze** in feine Stücke hacken. **Kräuter** mit Küchengarn zusammenbinden.

3. **Zwiebeln** und **Knoblauch** fein würfeln. **Möhren** und **Sellerie** schälen und ebenfalls fein würfeln.

4. **3 El Öl** in einer großen Pfanne erhitzen. **Hälfte Pilze** bei starker Hitze anbraten, in einen großen Topf umfüllen. Andere Hälfte ebenso braten.

5. **Zwiebeln, Knoblauch, Möhren und Sellerie** in die Pfanne geben und 5 Min. braten. **Tomatenmark** unterrühren und kurz mitrösten. Mit **Wein** ablöschen.

6. **Gemüsemischung, Tomaten, Kräuter und Lorbeer** zu den **Pilzen** im Topf geben. Mit **Salz, Pfeffer und 1 Prise Zucker** würzen und offen bei mittlerer Hitze 25 Min. kochen.

7. Für die Béchamel **Butter** in einem Topf zerlassen. **Mehl** zugeben und unter Rühren kurz anschwitzen. **Milch** unter Rühren zugießen, aufkochen und bei milder Hitze 10 Min. kochen, gelegentlich umrühren.

8. ⅔ des **Parmesans** in die Sauce rühren und mit **Salz** und **Muskat** würzen.

9. Eine Auflaufform mit **Butter** fetten (ca. 30 x 24 cm). Etwas Béchamel auf dem Boden der Form verteilen.

10. **Lasagneplatten, Pilzbolognese (Kräuterbündel und Lorbeer** vorher entfernen) und **Béchamel** abwechselnd in die Form schichten. Mit Nudeln und Béchamel abschließen. Lasagne im heißen Ofen bei 180 Grad (keine Umluft) im unteren Ofendrittel 35 Min. garen.

11. Den restlichen **Parmesan** nach 20 Min. darüberstreuen und goldbraun backen.

12. Die Lasagne aus dem Ofen nehmen. 10 Min. ruhen lassen und in Stücke schneiden.

**TIPP DER REDAKTION:** „Die Pilze kurz im Ofen trocknen, um ihren Geschmack zu intensivieren."

**CK_PRINT-KOCHSCHULE:** „Während die Lasagne abkühlt, mache ich einen knackigen grünen Salat mit Vinaigrette."

**COCACOLAMAUS:** „Damit Nudeln und Sauce sich besser verbinden, habe ich eine Tasse Nudelwasser in die Sauce gegeben."

► Verfasser: KOELKAST, WEB: CK-MAG.DE/440417

# Schnelle Spaghetti ★★★★

Pro Portion 560 KCAL

**ZUTATEN** (2 Portionen)

**200 g** Spaghetti

Salz, Pfeffer

**50 g** getrocknete Tomaten (in Öl)

**2** Knoblauchzehen

**30 g** entsteinte schwarze Oliven

**3 El** Olivenöl

**1 El** Pinienkerne

**1** kleine getrocknete Chilischote

**3 Stiele** Basilikum

1. **Nudeln** nach Packungsanweisung in reichlich kochendem Salzwasser bissfest garen.

2. **Tomaten** in Streifen, **Knoblauch** in dünne Scheiben und **Oliven** in Ringe schneiden. **Öl** in einer Pfanne erhitzen. **Tomaten, Knoblauch** und **Pinienkerne** darin bei milder Hitze 2–3 Min. braten.

3. **Nudeln** tropfnass untermischen, salzen und pfeffern. **Chili** zerbröseln, **Basilikum** fein schneiden und beides über die Pasta streuen.

**TIPP** **Vitaminkick!** Für noch mehr Frische 200 g halbierte Kirschtomaten mitbraten und vor dem Essen 1 Handvoll Rucola untermischen.

NORMAL
30 Min.

# Spaghetti mit Mangold-Feta-Creme ★★★★½

Pro Portion 668 KCAL

**ZUTATEN** (4 Portionen)

**400 g** Mangold
**1** Zwiebel
**2** Knoblauchzehen
**1** rote Chilischote
**400 g** Spaghetti
Salz, Pfeffer aus der Mühle
**1 El** Butter
**200 ml** Schlagsahne
**150 g** Feta

1. **Mangold** putzen, Blätter von den Stielen trennen und in Streifen schneiden. Stiele fein würfeln. **Zwiebel** in feine Ringe, **Knoblauch** in dünne Scheiben schneiden. **Chilischote** putzen, entkernen und in Ringe schneiden.

2. **Pasta** nach Packungsanweisung in kochendem Salzwasser bissfest garen.

3. **Butter** in einem weiten Topf erhitzen, **Mangoldwürfel, Zwiebel** und **Knoblauch** darin ca. 5 Min. glasig dünsten. **Mangoldblätter** zugeben und unter Wenden zusammenfallen lassen. **Sahne** und **Chili** unterrühren, alles 3–4 Min. köcheln lassen. **Feta** fein zerkrümeln und unterrühren. Sauce mit **Salz** und **Pfeffer** abschmecken.

4. **Pasta** abgießen, abtropfen lassen und mit der **Mangold-Feta-Creme** mischen.

**TIPP**

**Extrabiss gefällig?** Wer's gern nussig mag, bestreut die Pasta zum Schluss noch mit einer Handvoll grob gehackter Walnusskerne. Die passen super zu Feta und Mangold und geben der Pasta noch mehr Biss.

SIMPEL
40 Min.

► Verfasser: CEHOERNCHEN, WEB: CK-MAG.DE/460917

# Tagliatelle mit Spinat, Champignons und Röstzwiebeln

★★★★½

Pro Portion 620 KCAL

**ZUTATEN** (4 Portionen)

**2** große Zwiebeln
**2 El** Olivenöl
**500 g** Tagliatelle
Salz, Pfeffer
**250 g** braune Champignons
**1** Knoblauchzehe
**150 g** Babyspinat
**100 ml** Schlagsahne
**100 ml** Milch
evtl. gehobelter Parmesan

1. **Zwiebeln** in feine Ringe schneiden. **Öl** in einer großen Pfanne erhitzen, **Zwiebeln** darin bei milder bis mittlerer Hitze unter Rühren ca. 15 Min. knusprig und goldbraun braten. Auf Krepppapier beiseitestellen.

2. **Nudeln** in kochendem Salzwasser nach Packungsanweisung bissfest garen. **Champignons** putzen und in Scheiben schneiden. **Knoblauch** fein hacken. **Spinat** putzen.

3. **Champignons** in der Pfanne im Zwiebelfett kurz und kräftig anbraten. Mit **Salz** und **Pfeffer** würzen, **Knoblauch** zufügen, kurz mitgaren. **Spinat** unterheben, zusammenfallen lassen.

4. **Nudeln** abgießen, abtropfen lassen und mit dem Gemüse in der Pfanne mischen.

5. **Sahne** und **Milch** in einer Tasse verrühren, über die Nudelmischung gießen. Aufkochen lassen, mit **Salz** und **Pfeffer** abschmecken. **Zwiebeln** zugeben. Nach Belieben mit **Parmesan** bestreuen.

**TIPP** **So gut, weil ...** die Machart leicht von der Hand geht und das Veggie-Gericht trotzdem genug hermacht für ein Sonntagsessen.

NORMAL
30 Min.

# Würziger Pak Choi mit Paprika und Mienudeln ★★★★½

Pro Portion 615 KCAL

**ZUTATEN** (2 Portionen)

**200 g** Mienudeln
**400 g** Pak Choi
**1** rote Paprikaschote
**4** Frühlingszwiebeln
**2** Knoblauchzehen
**15 g** Ingwer
**1** rote Chilischote
**1 El** Kokosöl
**1 El** gelbe Currypaste
**½ Tl** Kurkuma
**1 Tl** brauner Zucker
**150 ml** Kokosmilch
**3 El** Sojasauce
**2 El** Limettensaft

1. **Mienudeln** nach Packungsanweisung bissfest garen, gut abtropfen lassen.

2. **Pak Choi** putzen, Strunk entfernen, Blätter voneinander lösen. Weiße Blattrippe in dünne Streifen, grüne Blattteile in breitere Streifen schneiden. **Paprika** putzen und fein würfeln. **Frühlingszwiebeln** putzen, in Ringe schneiden.

3. **Knoblauch** fein würfeln. **Ingwer** schälen und fein hacken. **Chilischote** der Länge nach halbieren, entkernen und sehr fein hacken.

4. **Kokosöl** in einer Pfanne erhitzen. **Pak-Choi-Stiele** und **Paprika** darin 2 Min. anbraten. **Frühlingszwiebeln, Knoblauch, Ingwer** und **Chili** zugeben. **Currypaste, Kurkuma** und **Zucker** gut unterrühren. Mit **Kokosmilch** ablöschen, 5 Min. köcheln lassen. Grüne **Pak-Choi-Blätter** unterheben, kurz ziehen lassen.

5. **Mienudeln** in einer zweiten Pfanne kurz anbraten, unter die Gemüsemischung heben. Mit **Sojasauce** und **Limettensaft** abschmecken.

NORMAL
30 Min.

▶ Verfasser: MEKKI811, WEB: CK-MAG.DE/370818

# Nudeln mit Dicken Bohnen und Salbei ★★★★

Pro Portion 587 KCAL

**ZUTATEN** (2 Portionen)

**200 g** Dicke-Bohnen-Kerne (gepalt aus 15 Schoten oder TK)

**1** Zitrone

Salz, Pfeffer

**2** Lorbeerblätter

**1** Chilischote

**250 g** Nudeln (z. B. Bandnudeln)

**1 Handvoll** Salbeiblätter

**2 El** Olivenöl

**3 El** Joghurtaufstrich (z. B. „Brunch légère")

1. **Dicke Bohnen** in kochendem Wasser 6–8 Min. garen. Abgießen, abschrecken und aus den Häutchen drücken.

2. **Zitrone** schälen und in reichlich Salzwasser mit **Lorbeerblättern** und der eingeritzten **Chilischote** zum Kochen bringen. **Nudeln** darin nach Packungsanweisung bissfest garen. Abgießen und abtropfen lassen, dabei etwas Nudelwasser auffangen. **Zitrone, Chili** und **Lorbeerblätter** entfernen.

3. **Salbei** grob schneiden. **Öl** im Nudeltopf erhitzen. **Salbei** und **Bohnen** darin 1–2 Min. andünsten. **Aufstrich** und **1 Schuss Nudelwasser** unterrühren, Sauce mit **Salz** und **Pfeffer** abschmecken. **Nudeln** untermischen.

**JADEKOENIGIN:** „So was von lecker! Ich habe normalen Frischkäse genommen."

NORMAL
45 Min.

▶ Verfasser: PASIFLORA, WEB: CK-MAG.DE/330217

# Wirsing-Paprika-Nudeln ★★★★

Pro Portion 630 KCAL

**ZUTATEN** (4 Portionen)

**2** rote Paprikaschoten
**1** kleiner Kopf Wirsing (500 g)
**1** Zwiebel
**1** Knoblauchzehe
**1 El** Butter
**2 El** Tomatenmark
**300 ml** Milch
**2 El** Schlagsahne
**2 Tl** gekörnte Brühe
**2 El** edelsüßes Paprikapulver
**1 El** getrockneter Oregano
**400 g** Pasta (z. B. Fusilli)
Salz, Pfeffer aus der Mühle
**3** Tomaten (300 g)
**100 g** geriebener Käse
evtl. frischer Oregano zum Garnieren

1. **Paprika** und **Wirsing** putzen, jeweils in Streifen schneiden. **Zwiebel** und **Knoblauch** fein würfeln.

2. **Butter** in einem weiten Topf oder einer großen Pfanne mit hohem Rand erhitzen, **Zwiebel** und **Knoblauch** darin glasig dünsten. **Tomatenmark** unterrühren, kurz mitdünsten. Mit **Milch** und **Sahne** ablöschen. **Gekörnte Brühe, Paprikapulver** und **Oregano** unterrühren, zum Kochen bringen.

3. **Paprika- und Wirsingstreifen** zugeben. Aufkochen, dann bei milder Hitze unter gelegentlichem Rühren ca. 15 Min. garen.

4. **Pasta** nach Packungsanweisung in kochendem Salzwasser bissfest garen.

5. **Tomaten** würfeln, mit dem **Käse** zum **Wirsing** geben, weitere ca. 5 Min. köcheln lassen. Sauce mit **Salz** und **Pfeffer** würzen, vom Herd ziehen.

6. **Pasta** abgießen, abtropfen lassen und vorsichtig mit der Sauce vermischen, ca. 5 Min. durchziehen lassen. Nach Belieben mit frischen **Oreganoblättchen** garnieren.

**JCND22:** „Die Sahne habe ich weggelassen und stattdessen Feta genommen."

# Aus der Pfanne

NORMAL
45 Min.

► Verfasser: 007KRÜMELTIGER, WEB: CK-MAG.DE/110517

# Champignon-Spargel-Gemüse

Pro Portion 200 KCAL

**ZUTATEN** (2 Portionen)

**150 g** weißer Spargel

**150 g** grüner Spargel

**300 g** braune Champignons

**3** Knoblauchzehen

**300 g** Pellkartoffeln (vom Vortag)

**3 Tl** Kokosöl

Salz, Pfeffer aus der Mühle

**2 El** gehackte glatte Petersilie

1. **Spargel** schälen (**grünen Spargel** nur im unteren Drittel), Enden abschneiden. Stangen in ca. 5 cm lange Stücke schneiden. **Pilze** putzen und in Scheiben schneiden. **Knoblauch** in dünne Scheiben schneiden. **Kartoffeln** pellen und in Stücke schneiden.

2. **1 Tl Kokosöl** in einer Pfanne erhitzen, **Pilze** darin bei starker Hitze ca. 5 Min. unter Wenden braten. Herausnehmen und beiseitestellen. Erneut **1 Tl Kokosöl** in die Pfanne geben, **Kartoffeln** darin rundherum goldbraun anbraten. Mit **Salz** und **Pfeffer** würzen. Herausnehmen und beiseitestellen.

3. Restlichen **1 Tl Kokosöl** in die Pfanne geben, **weißen Spargel** darin von allen Seiten ca. 3 Min. braten, **grünen Spargel** und **Knoblauch** zugeben, 2–3 Min. weiterbraten. Mit **Salz** und **Pfeffer** würzen. 2–3 El Wasser dazugießen, **Spargel** zugedeckt ca. 10 Min. bissfest dünsten.

4. **Pilze** und **Kartoffeln** untermischen und erhitzen. Mit **Salz** und **Pfeffer** abschmecken, mit **Petersilie** bestreuen.

**TIPP**

**Mit oder ohne?** Damit das Gericht zum Sattmacher wird, haben wir es mit Kartoffeln aufgepeppt. Wer das Gemüse als Beilage servieren will, lässt s einfach weg.

**VEGGIHERZ:** „Da meine Kinder mitgegessen haben, habe ich es mit roter Paprikaschote zubereitet."

▶ Verfasser: GANDALF99, WEB: CK-MAG.DE/420218

# Gebratener Räuchertofu ★★★½

Pro Portion 420 KCAL

**ZUTATEN** (2 Portionen)

**350 g** Räuchertofu

**2–3** große rote Chilischoten (z. B. Habaneros)

**5** Knoblauchzehen

**1 El** Öl

**2 Tl** Zucker

**40 ml** Sojasauce

**2 Tl** Essig oder Zitronensaft

evtl. **2 Stiele** Thaibasilikum

1. **Räuchertofu** in 2 cm große Würfel schneiden. **Chilischoten** putzen, entkernen und in Stücke schneiden. **Knoblauch** in dünne Scheiben schneiden.

2. **Öl** in einer Pfanne erhitzen, **Chilis** darin kurz anbraten, **Knoblauch** zugeben und anbräunen. **Tofuwürfel** und **Zucker** zugeben. Wenn der **Zucker** geschmolzen ist, **Sojasauce, Essig** und **40 ml Wasser** dazugießen. Flüssigkeit etwas einkochen lassen. Dazu passt Reis. Nach Belieben mit **Thaibasilikumblättern** bestreuen.

**TIPP**

**Tapas asiatisch:** In vielen Ländern Asiens ist es üblich, eine große Auswahl unterschiedlicher Kleinigkeiten aufzutischen und, ähnlich wie Tapas, miteinander zu teilen. Dieses Gericht ist ideal dafür.

SIMPEL
30 Min.

# Hessische Reibekuchen mit Apfelmus ★★★★

Pro Stück 130 KCAL

**ZUTATEN** (16 Stück)

**1 kg** festkochende Kartoffeln
**1** große Zwiebel
**1** Ei (Kl. L)
**100 g** Semmelbrösel
**4-6 El** Öl
**1 Glas** Apfelmus (720 g)

1. **Kartoffeln** fein reiben. Masse in einem feinen Sieb gut abtropfen lassen und in eine Schüssel geben. **Zwiebel** fein würfeln und untermischen. **Ei** und **Semmelbrösel** mit einem Kochlöffel unterrühren.

2. **2 El Öl** in einer Pfanne erhitzen. Reibekuchenmasse esslöffelweise hineingeben und flach drücken. Reibekuchen von beiden Seiten knusprig und goldbraun braten.

3. Restliche Reibekuchenmasse im restlichen **Öl** ebenso braten. Fertige Reibekuchen im heißen Ofen bei 70 Grad (Umluft 50 Grad) warm stellen, bis alle fertig sind. Mit **Apfelmus** servieren.

**ROSY7:** „Ich verwende noch eine Prise Muskatnuss, Salz und Pfeffer."

NORMAL
25 Min.
+ 25 Min.
Backzeit

# Kürbisrösti mit Brie ★★★½

Pro Portion 480 KCAL

**ZUTATEN** (4 Portionen)

**600 g** Kürbisfleisch (z. B. Hokkaido)

**600 g** festkochende Kartoffeln

**2** Knoblauchzehen

**3 El** Kürbiskerne

Pfeffer aus der Mühle

Salz

**1 Prise** Muskat

**3-4 El** Butter

**200 g** Camembert

1. **Kürbis** vierteln, entkernen und nach Belieben schälen. **Kartoffeln** schälen. **Kartoffeln** und **Kürbis** auf einer Haushaltsreibe raspeln. **Knoblauch** dazupressen. **Kürbiskerne** hacken, mit **Pfeffer, 1 Tl Salz** und **Muskat** unter die Masse rühren.

2. **Butter** in einer Pfanne erhitzen. Kartoffel-Kürbis-Masse darin bei mittlerer Hitze unter mehrmaligem Wenden 10–15 Min. halb zugedeckt anbraten. In der Bratpfanne aus der Masse einen großen Rösti formen. Mit einem Teller beschwert von beiden Seiten weitere 5–7 Min. braten.

3. **Camembert** in Scheiben schneiden, auf dem Rösti verteilen. Bratpfanne abdecken und auf ausgeschalteter Herdplatte stehen lassen, bis der **Käse** geschmolzen ist. Rösti in 4 Stücke teilen. Dazu passt ein grüner Salat.

NORMAL
20 Min.
+ 20 Min.
Garzeit

# Mediterrane Zucchini-Reis-Pfanne ★★★★½

Pro Portion 760 KCAL

**ZUTATEN** (2 Portionen)

**1** Zwiebel

**2** Zucchini (350 g)

**4 El** Olivenöl

**1** Knoblauchzehe

**125 g** Langkornreis

**600 ml** heiße Gemüsebrühe

**100 g** Tomatenmark

**1 El** Thymianblättchen

Salz, Pfeffer

**200 g** Feta

1. **Zwiebel** fein würfeln, **Zucchini** putzen, vierteln und in Scheiben schneiden.

2. **Olivenöl** in einer großen Pfanne erhitzen, **Zwiebel** darin glasig dünsten. **Zucchini** zugeben, ca. 5 Min. braten. **Knoblauch** dazupressen, kurz mitbraten. **Reis** zufügen und unter Rühren ca. 3 Min. andünsten.

3. **Brühe, Tomatenmark** und **Thymian** mit dem Schneebesen verrühren, zur Zucchini-Reis-Mischung gießen. Alles aufkochen, dann ca. 20 Min. bei milder Hitze köcheln lassen, bis der **Reis** die Flüssigkeit aufgesogen hat. Ab und zu umrühren.

4. Zucchini-Reis-Pfanne mit **Salz** und **Pfeffer** abschmecken. **Feta** würfeln, kurz vor dem Servieren unterheben, leicht anschmelzen lassen.

NORMAL
40 Min.

► Verfasser: CORELA1, WEB: CK-MAG.DE/281117

# Kohlrabischeiben mit Basilikumschaum ★★★★

Pro Portion 600 KCAL

**ZUTATEN** (4 Portionen)

**4** kleine Kohlrabi (800 g)
Salz, Pfeffer
**6–8 El** Mehl
**2** Eier (Kl. M)
**100 g** Paniermehl
**8 El** Öl

**Für den Schaum**

**200 g** Kartoffeln
**2** Schalotten
**1 El** Öl (z. B. Walnussöl)
**250 ml** Gemüsebrühe
**200 ml** Sahne
**½ Bund** Basilikum

1. **Kohlrabi** putzen und in ca. 1,5 cm dicke Scheiben schneiden. **Kohlrabischeiben** in kochendem Salzwasser bissfest garen und gut abtropfen lassen.

2. **Mehl, verquirltes Ei** und **Paniermehl** auf drei kleine Teller verteilen. Kohlrabischeiben erst in **Mehl**, dann in **Ei** und **Paniermehl** wenden. **Öl** in einer großen Pfanne erhitzen, Kohlrabischeiben darin knusprig-braun ausbacken. Auf Küchenpapier abtropfen lassen.

3. Für den Basilikumschaum **Kartoffeln** und **Schalotten** putzen und sehr fein würfeln. **Öl** in einer Pfanne erhitzen, die Kartoffel- und Schalottenwürfel darin andünsten. **Brühe** und **100 ml Sahne** zufügen und 15 Min. köcheln. **Basilikum** zufügen. Masse mit dem Stabmixer pürieren, mit **Salz** und **Pfeffer** abschmecken. Restliche **100 ml Sahne** halbsteif schlagen und kurz vor dem Servieren unter die Masse heben. Mit Kohlrabischeiben servieren.

**SCHWUPPSELINE:** „Wir hatten noch ein paar Salzkartoffeln dazu. Superlecker."

SIMPEL
ca. 40 Min.

► Verfasser: HANS60, WEB: CK-MAG.DE/040217

# Sauerkrautbratlinge ★★★★½

Pro Stück 125 KCAL

**ZUTATEN** (8 Stück)

**1** Zwiebel

**200 g** Tofu

**1 El** Butter

**250 g** Sauerkraut

**½ Tl** Kümmelsaat

**10** Pfefferkörner

**½ Tl** gekörnte Gemüsebrühe

**100 g** gemahlener Buchweizen

**1 Prise** Zucker

**1 Tl** Kräutersalz

**2-3 El** Öl

1. **Zwiebel** fein würfeln. **Tofu** mit einem Kartoffelstampfer zerkleinern. **Butter** in einer Pfanne erhitzen, **Zwiebel** darin anbraten. **Tofu** zugeben und mitbraten, bis er etwas trocken und leicht gebräunt ist. Mischung in eine Schüssel geben.

2. **Sauerkraut** abtropfen lassen, kleiner schneiden. **Kümmelsaat** und **Pfeffer** im Mörser klein mahlen. **Sauerkraut, Kümmel, Pfeffer, Gemüsebrühe, Tofumischung, Buchweizen, Zucker** und **Kräutersalz** zu einem festen Teig vermischen.

3. Mit angefeuchteten Händen flache Bratlinge formen. **Öl** in einer Pfanne erhitzen, Bratlinge bei mittlerer Hitze von jeder Seite 3-4 Min. braten.

**KELENIUS:** „Das mit dem Senf macht das Ganze noch runder."

# Grünkohl mit Tofu – vegetarisch oder vegan

Pro Portion 380 KCAL

**ZUTATEN** (6 Portionen)

**500 g** Zwiebeln oder Schalotten

**70 g** Butter oder vegane Margarine

**1 kg** Grünkohl (frisch oder TK)

**3 El** Gemüsebrühepulver

**1 kg** vorwiegend festkochende Kartoffeln

**400 g** Räuchertofu

Salz, Pfeffer

**100 g** mittelscharfer Senf

1. **Zwiebeln** oder **Schalotten** fein würfeln und in **50 g Butter oder Margarine** glasig dünsten. **Grünkohl** hacken, zugeben und darin etwas andünsten. **400 ml Wasser** mit **Brühe** verrühren, zum **Grünkohl** geben und alles bei mittlerer Hitze ca. 45 Min. köcheln lassen.

2. **Kartoffeln** schälen und in kleine Würfel schneiden. Zum **Grünkohl** geben und weitere 20 Min. garen. **Räuchertofu** in kleine Würfel schneiden und in einer Pfanne mit dem restlichen Fett kross anbraten.

3. **Räuchertofu** zum **Grünkohl** geben und weitere 15 Min. köcheln lassen. Mit **Salz, Pfeffer** und **reichlich Senf** abschmecken. Übrigen **Senf** dazu servieren.

**TIPP**

**Gut zu wissen:**

• Grünkohl hat eine längere Kochzeit. Gut, dass man ihn schon am Vortag zubereiten kann. Übrigens schmeckt er aufgewärmt mindestens genauso gut wie frisch gekocht. Er lässt sich auch prima einfrieren.

• Würzig und lecker: Wir haben den Grünkohl noch mit 80 g gehackten Rauchmandeln bestreut.

# Aus dem Ofen

Französische Gemüsetarte mit Ziegenkäse
Gemüseauflauf
Ratatouille à la Remy
Gegrillter Schafskäse mit Knoblauchtomaten
Zucchini mit Quinoa und Walnuss-Ziegenkäse-Topping
Zucchini-Tomaten-Auflauf

NORMAL
30 Min.
+ 35 Min.
Backzeit

# Französische Gemüsetarte mit Ziegenkäse ★★★★

Pro Portion 597 KCAL

**ZUTATEN** (4 Portionen)

**1** Aubergine

**1** Zucchini

**1** rote Paprikaschote

**1–2 El** Olivenöl

**1** Zwiebel

Salz, Pfeffer

**1 Pck.** Blätterteig (Kühlregal, 270 g)

**3** Eier (Kl. M)

**150 ml** Schlagsahne

**1 Handvoll** geriebener Bergkäse (z. B. Gruyère oder Appenzeller)

**150 g** Ziegenkäse oder Feta

1. **Aubergine, Zucchini** und **Paprika** putzen und klein würfeln. **Öl** in einer großen Pfanne erhitzen, Gemüse darin 4–5 Min. braten. **Zwiebel** fein würfeln, zugeben und 2–3 Min. mitbraten. Gemüse mit **Salz** und **Pfeffer** würzen, etwas abkühlen lassen.

2. Eine rechteckige Backform (30 × 20 cm) mit **Teig** auslegen. **Eier** und **Sahne** mit dem Schneebesen verquirlen, geriebenen **Käse** unterheben und die Eiersahne mit **Salz** und **Pfeffer** würzen.

3. Gemüse auf dem Teig verteilen, Eiersahne darübergießen und **Ziegenkäse** darüberbröseln. Tarte im heißen Ofen bei 200 Grad (Umluft 180 Grad) 35 Min. backen.

**BROSS:** „Hab sie schon öfter zubereitet und dabei Gemüse und Käse variiert. Am liebsten mögen wir Gruyère und Feta. Oberlecker!"

NORMAL
40 Min.

▶ Verfasser: BÉATRICE, WEB: CK-MAG.DE/090517

# Gemüseauflauf ★★★★

Pro Portion 690 KCAL

**ZUTATEN** (4 Portionen)

**200 g** Nudeln (z. B. Hörnli)
**2 l** Gemüsebrühe
**1** gelbe Paprikaschote
**1** Kohlrabi
**1** Möhre
**1 Stange** Lauch
**2** Zwiebeln
**2 El** Butter
**100 g** Erbsen (frisch oder TK)
Salz, Pfeffer
**200 g** Gorgonzola
**300 ml** Milch
**3** Eier (Kl. M)
**2-3 Prisen** Muskat
**100 g** geriebener Käse (z. B. Emmentaler)

1. **Nudeln** in kochender **Brühe** bissfest garen (siehe Tipp). **Paprika** putzen und würfeln, **Kohlrabi** und **Möhre** schälen und in kleine Würfel schneiden. **Lauch** putzen, in Ringe schneiden. **Zwiebeln** fein würfeln.

2. **Butter** in einer Pfanne erhitzen und das vorbereitete Gemüse samt **Erbsen** darin ca. 10 Min. andünsten, salzen und pfeffern.

3. **Nudeln** abgießen und abtropfen lassen (**Brühe** nach Belieben auffangen und anderweitig verwenden, z. B. für eine Suppe). Hälfte der **Nudeln** in einer gefetteten Auflaufform verteilen, **Gorgonzola** würfeln, darüber verteilen. Erst Gemüse und dann restliche Nudeln darübergeben.

4. **Milch** und **Eier** verquirlen. Mit **Salz, Pfeffer** und **Muskat** kräftig würzen, über die Nudelmischung gießen. Mit **Käse** bestreuen und im heißen Ofen bei 200 Grad (Umluft 180 Grad) ca. 25 Min. backen.

**TIPP**

**Brühe oder Salzwasser?** In Gemüsebrühe gekocht, werden Nudeln besonders würzig. Kräftig gesalzenes Wasser gibt ihnen aber auch ausreichend Geschmack.

PFIFFIG
1 Std.
+ 3 Std.
Garzeit

# Ratatouille à la Remy ★★★★

Pro Portion 265 KCAL

**ZUTATEN** (4 Portionen)

**Für die Sauce**

**je ½** orangefarbene, rote und gelbe Paprikaschote

**1** große Zwiebel (80 g)

**1** große Knoblauchzehe

**2 Tl** Olivenöl

**3** Tomaten

**½ Bund** Thymian

**1** Lorbeerblatt

**½ Bund** glatte Petersilie

Salz

**Für das Gemüse**

**1** Zucchini

**1** Aubergine

**1** kleiner Hokkaidokürbis

**4** mittelgroße Tomaten (z. B. Roma)

**1** kleine Knoblauchzehe

**1 El** Olivenöl

Salz, Pfeffer aus der Mühle

**Für die Vinaigrette**

**2 Stiele** Thymian

**1 Tl** Olivenöl

**1 Tl** dunkler Aceto balsamico

Salz, Pfeffer aus der Mühle

1. Für die Sauce **Paprikahälften** mit der Schnittfläche nach unten auf ein Backblech legen. Im heißen Ofen bei 250 Grad (Umluft 230 Grad) auf der oberen Schiene ca. 10 Min. braten, bis die Haut Blasen wirft und sich dunkel färbt. Herausnehmen, abkühlen lassen, häuten und in kleine Würfel schneiden.

2. **Zwiebel** und **Knoblauch** fein würfeln. Mit **Öl** in einem Topf ca. 8 Min. sanft erhitzen (nicht bräunen lassen). **Tomaten** entkernen, fein würfeln. **Thymianblättchen** abzupfen. **Tomaten, Thymian** und **Lorbeerblatt** zum Zwiebelmix geben, ca. 10 Min. einköcheln. **Paprikawürfel** zufügen, ca. 5 Min. weiterköcheln. **Petersilie** fein schneiden und unterrühren. Sauce mit **Salz** abschmecken und bis auf 1 El in einer ofenfesten Auflaufform verteilen.

3. Für das Gemüse **Zucchini** und **Aubergine** putzen. **Kürbis** entkernen. **Zucchini, Aubergine, Kürbis** und **Tomaten** in knapp ½ cm dünne Scheiben schneiden. Abwechselnd fächerförmig in die Auflaufform schichten. **Knoblauch** sehr fein würfeln, mit **Olivenöl, Salz** und **Pfeffer** verrühren, darüberträufeln.

4. Form mit Alufolie abdecken und im heißen Ofen bei 140 Grad (Umluft 120 Grad) ca. 2 Std. backen. Folie entfernen, Ratatouille ca. 30 Min. weiterbacken.

5. Für die Vinaigrette **Thymianblättchen** abzupfen, mit übrigem **El Sauce, Öl, Essig, Salz** und **Pfeffer** verrühren. Zum Servieren Ratatouille auf Tellern anrichten, Tellerrand mit Vinaigrette beträufeln.

**ONEELINE:** : „Es braucht tatsächlich so lange und ist deshalb perfekt für den TV-Abend."

SIMPEL
15 Min.
+ 15 Min.
Backzeit

▶ Verfasser: TICKERIX, WEB: CK-MAG.DE/210417

# Gegrillter Schafskäse mit Knoblauchtomaten ★★★★½

Pro Portion 876 KCAL

**ZUTATEN** (2 Portionen)

**3-4** Knoblauchzehen

**5 El** Olivenöl

**200 g** Feta

**5** Tomaten (400 g)

Salz, Pfeffer aus der Mühle

**½ Bund** Basilikum

1. **Knoblauch** durch eine Knoblauchpresse in das **Öl** drücken. **Feta** in ½ cm dicke Scheiben schneiden und in eine Auflaufform legen. Mit der Hälfte des Knoblauchöls beträufeln.

2. **Tomaten** halbieren, mit der Schnittfläche nach oben auf den **Schafskäse** setzen. Salzen, pfeffern und mit dem restlichen Knoblauchöl beträufeln. Im heißen Ofen bei 220 Grad (Umluft 200 Grad) ca. 15 Min. backen.

3. Unter dem heißen Backofengrill auf der mittleren Schiene 2-3 Min. grillen, bis der Käse leicht gebräunt ist. **Basilikumblätter** abzupfen, grob hacken und darüberstreuen.

NORMAL
15 Min.
+ 25 Min.
Backzeit

▶ Verfasser: BO_R_IS, WEB: CK-MAG.DE/420618

# Zucchini mit Quinoa und Walnuss-Ziegenkäse-Topping

★★★★½

Pro Portion 780 KCAL

**ZUTATEN** (2 Portionen)

**2** große Zucchini

Salz, Pfeffer

**8** schwarze Oliven

**1 Handvoll** Walnüsse

**1 Tl** Honig

**2 El** Olivenöl

**125 g** gegarte Quinoa vom Vortag

**4 El** Frischkäse

**4 El** gehackte Petersilie

**4 El** geriebener Ziegenkäse

1. **Zucchini** längs halbieren und mit einem Teelöffel aushöhlen. Fruchtfleisch würfeln, beiseitestellen. **Zucchinihälften** salzen.

2. **Oliven** und **Walnüsse** fein hacken, **Nüsse** in einer Pfanne ohne Öl anrösten. Mit **Honig** kurz karamellisieren. Pfanne vom Herd nehmen.

3. **Zucchinihälften** mit Küchenrolle abtupfen und im heißen Ofen bei 220 Grad (Umluft 200 Grad) 20 Min. backen.

4. **Öl** in einer Pfanne erhitzen, das Zucchinifruchtfleisch darin 3 Min. braten. **Quinoa, Oliven** und **Frischkäse** dazugeben, schmelzen lassen und gut vermischen. Mit **Petersilie, Salz** und **Pfeffer** würzen.

5. **Zucchinihälften** aus dem Ofen nehmen und mit der Quinoamischung füllen. **Honigwalnüsse** und **Ziegenkäse** darüberstreuen.

6. **Zucchini** für weitere ca. 5 Min. in den heißen Ofen geben, bis der Käse geschmolzen ist.

**BO_R_IS:** „Statt Zucchini kann ich mir auch Auberginen gut vorstellen."

NORMAL
20 Min.
+ 35 Min.
Backzeit

► Verfasser: SUNNYDANI, WEB: CK-MAG.DE/460718

# Zucchini-Tomaten-Auflauf

Pro Portion 716 KCAL

**ZUTATEN** (2 Portionen)

**1** große Zucchini
**4** Tomaten
**250 g** Mozzarella
**50 ml** Sonnenblumenöl
**20 ml** Olivenöl
**1** Knoblauchzehe
Salz, Pfeffer
**2 Tl** Paprikapulver oder Pizzagewürz
**5** Basilikumblätter

1. **Zucchini, Tomaten** und **Mozzarella** in Scheiben schneiden und abwechselnd in eine Auflaufform schichten.

2. **Öle** miteinander mischen. **Knoblauch** fein hacken und dazugeben. Mit **Salz, Pfeffer** und nach Belieben **Paprikapulver** oder **Pizzagewürz** würzen. **Basilikum** klein schneiden und dazugeben und verrühren. Ölmischung über die Zutaten in der Auflaufform träufeln.

3. Im heißen Ofen bei 220 Grad (Umluft 200 Grad) 35 Min. backen.

**TIPP** Wer es gehaltvoller mag, überbackt das Gemüse 10 Min. mit 80 g gehobeltem Gouda.

**TIPP** **So gut, weil ...** dieses Gericht so kinderleicht ist, dass auch Kochanfänger Spaß haben – und das Ergebnis richtig hübsch aussieht.

## Außerdem in dieser Reihe erschiene

**Verrückt nach Hack:**
120 Seiten, durchgehend farbig bebildert, Flexcover, 19 x 23 cm,
**ISBN: 978-3-96058-335-6, 12,99 €**

**Fit & Gesund:**
120 Seiten, durchgehend farbig bebildert, Flexcover, 19 x 23 cm,
**ISBN: 978-3-96058-334-**
**12,99 €**

**Familienglück:**
120 Seiten, durchgehend farbig bebildert, Flexcover, 19 x 23 cm,
**ISBN: 978-3-96058-368-4,**
**12,99 €**

**Ofenschmecker:**
120 Seiten, durchgehen farbig bebildert, Flexcover, 19 x 23 cm,
**ISBN: 978-3-96058-36**
**12,99 €**